JN411299

백영현 시집

외로움이 만선을 만든다

☪ 외로움이 만선을 만든다

지은이 • 백영현

펴낸이 • 강옥현

주 간 • 양재일

발행처 • 도서출판 오감도

초판인쇄 • 2021년 11월 17일

초판발행 • 2021년 11월 20일

전화 070-7778-2591 010-3206-2591

팩스 (031) 775-0161

출판 등록일 • 일제 10-1651(98. 10. 15)

서울시 중구 을지로3가 268 유일빌딩 604호

ISBN 978-89-5698-397-4 03810

값 10,000원

✍ 머리글

만선을 향한 허기와 갈증이
앙가슴 드러낸 빈 그물에 갇힌 날이면
선원들의 눈길은 먼 하늘을 향한다

카시오페이아 자리 몰려든 별들은
신화 속 여왕의 관능을 좇아
은하수를 따라 북반구로 흘러간 뒤다

만나서 나눌 사랑도 없는,
눈물로 떠나보낼 이별마저 찾아오지 않는
밤하늘 잠에 겨운 별들만 깜박거린다

아직도 닻을 내리지 못한 채
아득한 신기루로 일렁이는 내 꿈 하나
바다 한복판 해풍에 나부끼고 있다

2021년 늦가을

백영현

1부

2부

3부

4부

5부

제1부

수부水夫

그에게 아무도 수심을 알려준 일이 없지만 *
바다가 무섭지 않은 것은
깊을수록 안온해지는 푸른 요람이 기다리기 때문이다

한때는 하늘보다 짙푸른 수직의 숲에서
수압에 움켜잡힌 목덜미가
하얗게 질린 언어들로 출구를 찾아 허우적대기도 했다

물살에 쓸린 심장이 부풀어 올라
물에 불은 삐라처럼 온몸이 헐거워진 날
물새 발자국에 고인 작고 희미한 별빛이
길이 되어준 적도 있었다

봄은 늘 바다 건너에서 왔다
살짝 데쳐야 바다색을 띠는 해초처럼
파도에 몇 번 자맥질을 당하고서야
봄은 그에게 다가섰다

늘 의자에 앉아 있던 통증은
봄이 지나가는 항로를 따라 피어오르곤 했다

바다의 통증을 삭히는 파도소리가
그의 이름을 불러댄다

화들짝
봄으로 피어오르는 수부

* 김기림의 시 「바다와 나비」에서 따옴.

안간힘으로 매달린 말

닮지 않은 말言이 걸어가고 있다

당신과 나
틈이 벌어진 2인칭과 1인칭 사이를 지나간다

수평의 말이 남긴 발자국엔 한쪽 모서리가
심하게 찢겨있다

물구나무를 선 채 한 손으로 길러낸 말의 근육
굳지 않는 말의 피
그 피를 가리기 위해 밤이 온다

밤새 꺼지지 않고 반가사유에 젖어있는 불빛
얼굴을 내밀지 못하는 이유가 거기에 있었나 보다

곤두선 낮과 밤의 경계에서
고개 숙이지 않고 저 혼자 반짝이는 말들
말도 생애가 있었나 보다

말 속에 갇힌 수많은 사람이
말이 덧난 상처 속으로 숨기 위해
아침이면 또다시 도시 속으로 빨려 들어간다

지금 나는,

해안가를 서성이던 나는,
선잠 깬 파도가 섬 깃을 돌아
먼 바다를 헤엄쳐가는 것을 물끄러미 바라본다
섬을 에돌아 떠날 줄 아는 삶은 얼마나 자유로운가
섬에서 추방된 자들의 행렬이 모래톱을 넘으며 계속해서 바다를 삼킨다
한 번도 바다에 발을 담그지 못한 바닷가 벤치 너머
푸석거리는 모래들을 한쪽으로 몰아붙이는 파도소리에
어부 두서넛 바다가 버린 생선뼈들을 모으고 있다
온종일 어긋난 상어뼈에 걸터앉아 씨름하던 길고양이
이리저리 목을 빼며 분주하게 날개를 퍼덕이는 갈매기를 쫓다 잠이 든다
늦은 오후 나는 갈매기를 따라
길게 뻗어간 내 그림자를 밟으며
점점 가벼워지는 수평선을 한 발자국씩 지워나갔다

바닥

떠나지 못하는 사람들
빨판같이 떨어지지 않는 배를 바닥에 대고
낮은 것들에 경배를 한다
서로 어깨를 기대어 안부를 묻고
마른 잎 흔드는 겨울나무 보며
고개를 떨구고 있다

바닥으로 떼 지어가는 자벌레
네 발의 짐승과 등 걸음으로 걸으며
해독할 수 없는 상형문자를 남기고 있다

바닥에 갇힌 사람들
젖은 발아래 경쟁 없는 풍경을 물끄러미
바라본다
노동을 끝낸 사람들이 모여들고
둥글게 웅크린 등을 바닥에 붙인다

귀제비

부지 선정은 동의가 없었다
동업자는 참개구리 울음소리 왁자한
무논의 농부다
못자리 논들도 공기 맞추는데
집단민원 없이 심심한 동의를 하였다
설계도는 터널식 공법
부부의 건축기술은 엄마 뱃속에서
학습한 것
첨성대 도면을 어깨 너머로 넘겨본
갈색 피사체가 도움이 되었다
자기 한 입 나 한 입
한 입, 또 한 입
그래서 에필로그가 2000번
직영으로 지은 스위트홈
삼풍백화점처럼 무너지는 일은 없었다

물주름

잎새에 깃든 물기가 사라지는 계절

새벽달이 갉아먹은 호수가 야위어 간다

달빛을 쪼던 물총새 부리에 멍이 들면

빈 둥지 속 주인은 늘 별빛이었다

묏버들 실가지에 걸터앉은 바람

수척해진 얼굴로 호수의 수면을 흔들면

세월의 주름이 물결을 채색한다

수면水面도 나이를 먹나보다

백로절 아침이다

오, 떡, 순

고해성사를 마친 나는
저녁이 뱉어놓은 어스름을 헤치며 포차를 밀자
오, 떡, 순이 감물처럼 배인 여자가 앞치마에 손을 훔치며 눈으로 물었다

"오, 떡, 순 주소, 소주 한 병하고"

나는 잠시 어색함을 감추기 위해 플라스틱의자에 닿지 못한 엉덩이를 뭉그적대는데
의자 밑을 서성이던 바퀴벌레 한 마리가 놀란 눈으로 나를 올려다보다 말고 곁눈으로
뭉개진 내 구두 뒤축을 훔쳐보고는 슬어놓은 알 쪽으로 쪼르르 달아났다

퇴근 무렵부터 그렁대던 바람이 비를 데려와
화난 짐승처럼 포차 옆구리를 흠쳐 때렸다

하루종일 켜둔 형광등이 소모품처럼 흔들렸다
입 다문 여자의 눈길을 마주할 일도 없이 배불뚝이 남자가
술값으로 구겨진 지전 몇 장을 던지고 서툰 걸음으로 나갔다

나는 소주를 마시다가 불현듯,
포차 이마에 자화상처럼 붙어있는 오, 떡, 순을 생각했다
사귀다 제 발로 숨어버린 한 여자의 이름 같기도 하고
청량리역 여인숙에서 흐리게 웃던 처자의 이름 같기도 한
오래된 화장기에 실금이 간 얼굴을
남겨진 사랑마저 비껴간 얼굴을
그저 통속하게 바라보다가
빈 객석만 덩그마니 지나가는 기차를 보았다

통증같이 불어터진 비는 계속 내리고
쓸쓸함이 드문드문 박힌 여자의 눈빛을 얼굴로 대답하고 나는
사소한 외상값 하나 장부에 기록되지 않은 오, 떡, 순을
고해소 빠져나오듯 서둘러 나왔다

용골

아직 햇빛을 본 적이 없는 나는
조선소 레일을 타고 내려오면서도 어두운 납빛이다
비타민D 결핍증에 창백해진 얼굴
나는 한 번도 햇빛을 꿈꿀 수 없었다

숨어만 산다고 비열하다며 비웃는
술 취한 선장 껌벅대는 등대와 멀어지는 뱃길
좌표 잃은 배가 물밑 바위섬을 등지고 누웠던,

하늘 향해 누운 용골
나는 애초부터 하늘을 볼 생각은 없었다
누구나 한 번은 하늘에 닿지만
나는 끝까지 등뼈만큼은 감추고 싶었다
그러다 물밑 세상을 헤집고 다닌 내 삶이
하늘빛과 닮았다는 걸
온몸이 뒤집힌 뒤에사 알았다

주머니

찌든 갑옷 벗듯 낡은 허물을 벗어버린 아버지
낯선 옷을 입고 예약해 두었던 깜깜한 방을 찾아가신다
상두꾼 짚신 열두 짝이 선소리꾼의 이별가에 맞춰
앞으로 뒤로 앞으로 뒤로
가다 서다 가다 서다
북망산 향해 갈까 말까
들을 지나 개울 건너 벼랑 타고 선산을 오른다

짊어진 굴레 모질게 일구며 아무도 굶기지 않은 그 들판이 훤히 내려다보이는 산마루턱에서
이제는 휑한 들판을 진 빚 없이 무심히 바라보며
서너 그루 키 큰 소나무 그늘 이불 삼아
땅거죽을 열고 그 흙냄새 맡으며 어둠 속으로 들어가신다
가족들마다 벌리고 있는 주머니 다 채워주다

야윈 몸 다 떨구고 세상 밖 나선 먼 길
이제는 펴 담을 주머니 하나 없는 아버지

조분석鳥糞石

하얀 무덤들이 봉긋봉긋 솟아올라
침묵을 깨고 물새들과 함께 일어서는 무덤들은
바다가 소란스러워지기 시작하면
주변의 파도는 더욱 집요해지며 물새들을 따라
섬들이 하늘로 올려지곤 했다

외로움을 키운 섬들이 힘겹게 기지개를 켜는 사이
아직 꿈을 해체시키지 못한 물새들은 늙어 비상속도가 느려지고
배설의 정거장도 따라 늙어 부피와 밀도는 더해지고
섬을 차지한 그 많은 물새들이 헹가래를 치며 파도를 떠다밀 때
물과 물을 갈라놓은 섬과 섬은 전혀 밀리지 않았다

섬들을 들어 올린 공적으로 물새들의 늑골은
미라처럼 굳어가고
파돗살에 투영되던 날쌘 몸짓마저 점차 무디어 갈 때

아무도 뺏을 수 없는 백묵같이 차갑고 헐벗은 섬들은
파도가 넘볼 때마다
녹슨 그물 너머로 더욱 하얀빛으로 늙어가고 있었다

숨비소리

오랜 고향으로 몸을 밀어 넣는다
태왁을 안은 바다의 딸
포세이돈의 검푸른 정욕에도 견뎌온 오씨를
지배한 것은 바람이다
하루에 수백 번 물 밑 세상을 순라巡邏한 날에도
바람이 키워온 숨비소리가 유일한 생명이다

밑바닥까지 억눌린 바람
생리 전날처럼 무겁게 허파꽈리를 죄어오던 날
뱉어내던 깊고 긴 저 숨비,
전복과 해삼, 성게 물밑을 다스려온 목숨들의 숨소리다

어둠이 열어준 물길을 따라 오씨 물밑을 걷는다
걷고 걸어야 찬란한 용궁에 닿을 수 있다는 걸
물길 따라 떠도는 바람은 안다

숨을 참아 숨을 이어온 숨비 여인
여든의 나인데도 가쁜 숨 말아 쥔 숨비소리 한 번에

둥글게 불러오는 세상을 잉태한 바다
저토록 신명나게 출렁이게 한다

안아 달라는 아이들

동그란 아이를 하나, 둘 싸고 있다
한 알 한 알 싸야 어른이 된다는 걸
발걸음이 촘촘해야 여름이 영근다는 걸
한 번도 낙과를 지켜보지 못한 공판장 경매사들도
다 알고 있다

여름 내내 더위와 비바람으로 속을 태우던 나는
솜깍지벌레 * 와 탄저병 병징病徵에게 독화살을
쏴대기만 했다

내 발자국보다 먼저 얼굴 내밀며
두 팔 벌려 안아 달라고 투정 부리는
건성 말고 온몸으로 보듬어달라는 아이들

안겨 살아온 체온이 쌓여 복숭아로 붉게 익어가고
투정하던 시간들이 모여 배의 하얀 속살로 익을 테지만

과수원 바닥에 떨어진 낙과에서
하얗게 깍지 세운 솜깍지벌레 성충이
내 손등을 찔러댈 듯이 노려본다

* 솜깍지벌레 : 과수의 줄기와 잎에 붙어 즙을 빨아 먹는 해충.

복사꽃

석양이 비켜선 하늘 모서리
한쪽 얼굴을 가린 상현달이
나머지 한쪽으로
밤의 모퉁이를 끌어오고 있다

감춰진 마음은 늘 어둠의 몫이었던가
환하게 밝은 한쪽의 얼굴로도
흔들림 없이 밤새 어둠을 건너가는 달
순한 달빛의 유혹 때문에
밤마다 꽃이 떨어지는 저 고요를
못 본 척하기 위해 달의 반은 어둠으로 짙다

강물 위 붉은 저녁으로 번지던 복사꽃
누구든 저물면 저토록 찬란한 꽃 하나 떨군다는 걸
강물이 어둠 깊은 산속으로 몸을 깃들이는 걸 보고 알았다
하루가 다시 산을 열고 강물로 흘러가는 아침이 오면

타오르는 저 복사꽃 붉은 해

너무 환해 화들짝 놀란 봄날을 피워 놓고 있다

눈빛

콩밭 매던 할머니 노고지리 그늘에서
쉬고 있는데
눈길이 머문 곳
평생을 묻은 그 밭이다

날품 마치고 돌아가는 서산댁
형님, 그만하고 들어갑시다
그 말에
에라, 날품팔이 네가 내 마음 어찌 알꼬

땀으로 씻어온 말간 눈빛
흙보다 짙은 얼굴
밭고랑보다 깊은 주름살
한 줄기 바람 쓸쓸하게 지나간다

제2부

어부가 되겠어요

아버지
저도 어부가 되겠어요
물목에만 그물을 치는 기특한 어부가 되겠어요
약속받지 못한 아버지의 누추한 삶이지만
하루 한 뼘씩 늙어가는 아버지의 뱃길을 따라
탯줄 이어진 물길을 따라
파도에 자갈 구르는 소리 들리면
눈 시린 새벽을 깨워
그렁대는 아버지의 천식 소리 차가운 방에 적셔두고
무 청 같은 물결을 가르며 파랑을 찾아
미련 없이 떠나겠어요

잠든 물이랑의 빗장을 풀고
뒤척이는 물살에 낡은 그물을 얽어
눈물겹게 넘어가는 저녁 해를 바라보며
구멍 뚫린 듯 쏟아지는 별똥별을 쳐다보며

빈 그물에도 울지 않는 어부가 되어
바다에 누워 별을 헤겠어요

아버지
저도 어부가 되겠어요
돌아앉은 아버지의 술병 속에서
고르지 못한 파도의 숨소리를 들으며
한평생 삐걱대며 살아온 바다에
마침표를 찍지 못한 그 텅 빈 바다에
이미 꺾여버린 아버지의 서러운 엄지를 남겨두고
채워지지 않는 여백을 밀치며
뜬구름처럼 살아가는
어부가 되겠어요

남태평양

안벽에서 이탈하는 후진기어의 둔탁한 금속음이 항구를 밀어내며 남쪽으로 침로를 끌고 갔다

남국의 파도 이랑에 몸을 맡긴 내 젊은 날
하루 한 뼘씩 늘어나는 외로움은 고향으로 돌아가는 낡은 해도 위에서 방황하곤 했다

물병자리 심한 갈증이 이미 불 꺼진 등대를 스쳐 지나가면
은빛 꿈을 적시는 참치 떼들이 파도 깊이 잠수를 하고
소금기 절은 항해일지에 굵은 펜으로 그려놓은 만선의 꿈은
늘 너무 쉽게 지워지곤 했다

떠도는 갈매기가 눈짓하는 어군 따라 이동하는 남태평양 오후

뙤약볕만 가득 끌어들인 조타실에 정적만 쌓이고
노을에 비친 술잔 너머 바다가 조금씩 증발하고 있었다

나침반의 방황

적당한 예열로 데워진 배는
부력으로 가벼워진 항구를 떠난다
망망한 바다 항해하는 육중한 제 목숨
이미 나침반이 주인이다

흩어진 뱃길 남십자성 따라
남으로 침로를 잡으면
만선의 꿈은 물병자리가 아닌
술병자리부터 찾는다

파도와 싸우는 건 늘 그물이 할 일이다
해류 따라 흘러가길 거부하는 그물의 야성이
바다의 염도를 높인다는 걸 갈매기들은 모른다
저 높은 염도가 상처를 절여 아물게 한다는 것도 모른다
갈매기들 바빠진 날갯짓에서 은빛 비늘이 반짝이면
외로움이 만선을 만든다는 걸 비로소 선장은 안다

그때마다 나침반의 자침이 심하게 흔들린다
바다가 몹시 외로울 때 보이는 몸부림이다

괴물

바다에 존엄은 없었다
짐승의 패악이 바다를 삼키고
파도를 삼키고 선원들을 삼켰다
원양어선 선원들
개처럼 돈을 벌어야 하는
거친 물이랑은
늘 삶과 죽음의 경계를 넘나들었다
조타실을 뛰쳐나온 육두문자가 갑판에 쏟아지면
선원들은 동짓달 은사시나무 떨듯 몸서리쳤다
주낙에 꿰인 참치가 줄줄이 갑판을 메우는 날
발렌타인 위스키병이 힙합 춤을 추면
남태평양 물결마저 비트와 랩으로 비틀거렸다
누구도 예측할 수 없는 캡틴의 히스테리는
채 하루를 넘기지 못하고 시어머니 버선코마냥
시도 때도 없이 날을 세웠다
심심하면 쌍심지 켜고 무너지는 존엄
도망갈 곳 없는 망망대해를 울리는 비명

자망

섬사람들의 외로움
파도 따라 일렁이는 자갈소리
수평선을 타고 앉은 붉은 노을과
섬 아기의 자장가 소리
모랫길을 달리는 엄마의 바쁜 걸음은
그냥 보내주라
술 취한 어부의 조각난 유행가 소리
물살에 일렁이는 애달픈 사연과
사소한 부부싸움은 연기처럼 빠져나가라

오로지 선잠 깬 상어 하나
섬 불빛 보고 달려온 가시달갱이 하나
용왕님 완장 차고 설치는 얼룩통구멍 하나
지하벙커 대장 노릇 하는 쑤기미도 걸려들라
걸려들라 걸려들라 미련 없이 걸려들라

너무 멀리

떠도는 갈매기 따라 파도가 밀린다
밀리는 것은 파도만이 아니다
바다가 밀리고 섬들이 밀린다
희망봉이 밀리고 선장 디아스가 밀린다
밀리고 밀리고
바다 한가운데 솟아오른 초록의 신전이 밀린다

산호숲 무릎에서 놀던 얼굴 내민 난파선
난파선 마스트에 하얗게 걸려있는 녹슨 만선기
자궁을 들어낸 허물처럼 펄럭인다

섬들이 쉬지 않고 자맥질하는 오후
해원으로 날개를 퍼덕이는 어린 군함새 한 마리
어느새 은빛 깃털 반짝이며
희망봉 우듬지를 선회하는데
나는 희망봉 끄트머리에 오두막을 짓고
진주조개를 캐며
갈증의 물병자리 그 속에 잠들었다

베링해

무섭게 펄떡이는
차갑고 무자비한
같은 표정을 보여주지 않는
언제 또 변덕을 부릴지 모른다
심연의 밑바닥까지 내려간다
기포를 모아 솟구치던 포세이돈의 성지
남빛 출렁이던 초록의 신전은 어디로 갔는가
반짝이던 바위가 쩍쩍 갈라지는 소리
유빙에 부딪는 북극곰의 하품하는 소리
황급히 제트기류에 편승하는 흰머리수리
하얀 밤의 무채색 오로라를 영접한다
낡은 해도의 표지처럼 만선의 깃발이 활강한다
상처 입은 짐승의 포효처럼
해구를 열어놓고
아들을 아버지를 남편을 삼킨 베링해

부표

외발로 서서
누구에겐가 내 존재는 이정표가 되어
외로울 수도 있지만 사명감 하나 있는 것
외로운 항해사의 친구이기도 한
물결 따라 흔들리면서 지나가는 배들이 들려주는
이야기 듣는다
먼 항구에 두고 온 마도로스의 사랑 이야기
폭풍 속으로 사라진 선원들의 슬픈 이야기
돌아오지 않는 남편을 기다리다 망부석이 되어버린
뱃사람 아내 이야기
뜬눈으로 이런 이야기를 듣고 있노라면
물밑을 지탱하는 나의 뿌리는 더욱 굳건해진다
꾀부리지 않고 묵묵히 그 길을 가야 하는 나는
외로운 섬 하나 지키는 지킴이가 된다

섬, 사람들

술을 마셔야 잠들 수 있는 섬사람들
뱃사람들의 휜 허리 너머 파고는 높아만 가고
비틀대던 일상은 늘 삶과 죽음의 경계를 넘나들었다

평생을 머물렀던 둥지를 버리고 싶은 섬사람들
달라지지 않는 길을 선잠 깨고 다시 가야 하는 길이
그 길인 것을

파도의 고른 숨소리를 들어야 잠들 수 있는 섬사람들
조각난 유행가를 흥얼거리며
쉽게 우는 집 떠난 물새 울음소리 밤새 들으며
술 취한 바다와 서러운 가락을 맞춘다

남포동 블루스

헤픈 밀어들이 넘실대는 밤의 블랙홀
헐떡이는 야성이 주지육림酒池肉林에 절어
불빛마저 갈 곳 잃은 남포동 25시
야광충처럼 번쩍이는 밤의 정거장에서
금속 불빛을 삼키는 위스키 잔 속의 비명들
비틀대며 흐느적거리는 뼈 없는 짐승들
캡틴, 출항한다고요?
거웃을 곱게 다려 당신에게 바칠게요
일번가 아프로디테*
이미 괄약근 한 조각 잘라
포세이돈의 신전 뒤에 숨었다

뱃등 찾아 배회하는 뱃놈의 젖은 발자국
홍등가는 아직도 호객 중인데
붉은 어둠이 뱃놈들의 가슴에 불을 지핀다
꿈틀거리는 뱃놈의 억센 회음부

돌아선 바다에 다시 손을 내밀어야 하는
배운 도적질이라 뱃놈의 꺾어진 땅 바다로 간다
갈기 세운 수평선 끌어당겨 바다로 간다

* 아프로디테 : 바다와 항해의 안전을 관장하는 여신.

적도

적도는 하나의 선이다
북반구와 남반구를 나누는 선
적도라는 말은 나타냄의 지역표시이다
적도 근방 또는 적도 지역이라고 수정되어야 한다

남에서 북으로
북에서 남으로
바다에 선은 보이지 않았다
그러나 해도는 안다
삼각자와 콤파스가 내 몸을 재단한다는 것을
적도제가 엄숙하게 올려진다는 것을

통과의례로 만나는 포세이돈
옷깃을 여미며 제단 위에 고수레를 하고
적도 위에 무릎을 꿇는다

적도 무풍대
바람이 불지 않는다고 파도가 없겠는가

파도가 없다고 바람이 불지 않겠는가
바람은 숨어서 때를 기다린다
바람은 파도보다 먼저 일어난다
바람은 빈손으로 돌아가지 않는다
큰 산을 숨기고 있는 바람

정치망

물길 따라
동서 혹은 남북으로 쳐놓은 장막
재수 없이 방향키를 놓친 은멸치 떼
오감을 번득이며 지느러미를 저어도
누구 하나 퇴로를 찾지 못했다
저들은 무슨 죄로 종신형을 받았을까
신분 계층 남녀노소 가릴 것 없이 다 모였구나
긴 항해에서 꿈꾸어 온 세상은 어디로 갔을까
언제 바깥세상을 만날 수 있을까
죽어야만 찾을 수 있는 저 자유
촘촘하고 튼튼한 그물로 보호받고 있다

물새처럼 운다

영도다리 수은등 불빛 아래
뱃등 찾아 배회하는 뱃사람이 서럽다
술병 들고 울먹이는 뱃사람들
비린내 나는 부둣가에 쭈그리고 앉아
됫병 소주 쪼개 마시며
돌아오지 않는 뱃놈
도망간 뱃놈 마누라
술병 속에 넋두리가 물새처럼 운다
곰장어 뒤틀리는 불판 위
절망도 분노도 새까맣게 타고 있다

조타실에서

남으로 열린 창, 흘러온 남태평양
그 거센 물결 하나 잠재우지 못하고
빈 배만 지키고 있네
파도가 울고 물새가 울고 내가 울고

젊은 꿈을 찾아 흘러온 먼 길
더 묶어둘 수 없는 열린 바다
한 남자의 운명을 송두리째 걸어놓고
탯줄같이 질긴 바다에 던진 질문 하나
생을 이 바다에 묻어야 하는가?
신의 술잔에 녹주綠酒를 따라 마시기에는
아직 청춘이 다하지 않았는데

나는 또, 외로움 하나 더 끌어안게 되었다

새벽이 오기 전에

제3부

돈데보이*

가난이 죄였어요 내일의 끼니를 걱정해야 했어요 아메리칸 드림을 결심하게 되었죠 불법 이민이라는 것 알아요 희망을 찾아야 해요 국경을 넘지 않고서 희망을 찾을 수가 없었어요 국경을 넘는 일은 무덤을 파는 일이라고, 유일한 희망인 걸요 열사의 사막, 악어가 우글거리는 무서운 강과 밀림, 가도 가도 끝이 없는, 지나가다 사막에 쓰러진 사람을 보았어요 연민의 눈으로 바라볼 틈도 없이 달리고 달려야 했어요 적외선 카메라, 드론이 나를 쫓아오고 있었어요 나는 어디로 가야 하나요? 젖은 손등의 물기를 마른 입술로 핥으며 모래톱을 넘어야 했어요 가난을 벗어나려 국경을 넘을 뿐이에요. 불법 이민이 이데올로기적 산물은 아니잖아요? 부자는 꿈도 꾸지 않아요 불법 이민자, 저임금과 고되고 힘든 일, 태양의 빛을 두려워하며 숨어 살아야 했어요 희망을 가지고 싶어요 우리도 웃으며 사랑스런 눈길 한번 나누고 싶어요 지옥같이 암울한 삶일지라도 당신을 그리워하며 참고 견딜 거예요 당신의 품에 안기는 그날을 기다려요 왜, 우리는 뒷걸음질치며 희망과 멀어지고 있을까요? 무슨 원죄 때문일까요?

* 티시 히노호사(멕시코계 미국인 가수)가 불러 히트를 친 샹송.

꿈 하나 그리기 위해

쓰러진 무덤가로 한 발자국 다가섰다
저물어가는 무덤가 나의 옷깃이 묘비를 스치면
석양은 이미 비켜나 있었다
한쪽 얼굴을 감춘 하현달
다른 한쪽은 고도孤島를 향하고 있었다

황금빛 햇살과 가엾은 세월의 질곡이 파랑처럼 흩날리고
한 무리의 눈빛과 닮지 않은 근심들이 등을 맞대
서로 버티며 낮과 밤이 기울어질 때
저 꽃잎처럼 언젠가는 떨어져야 한다는 뒷모습에 우울해 한다

구멍 뚫린 듯 쏟아지는 저녁노을
강물 위를 배회하는 이름 없는 그림자
단내가 나도록 날갯짓을 해야 했던 젊은 날의 숱한 지문들

구원의 제단 위에 눈물을 뿌리며
자백과 속죄의 몸부림을 되풀이한다

도다리쑥국

때늦은 꽃바람이 불었다
들뜬 남편은 벌써 개문발차다
결혼 때 장만한 비로드 치마저고리
이십 년 만에 꺼내 입는다
어서 가자, 휘적휘적 대문을 나서는 남편
돌아보며
오늘따라 참 곱소, 불콰해진 얼굴
설렘이 삼립빵처럼 부풀어 올라
통영행 직행버스 남쪽 창을 가른다
바닷물 찰박거리는 강구 안 식당
'도다리쑥국, 회덮밥 전문'
도다리쑥국 됩니까?
주방에서 건너오는 날 선 목소리
뭐라카노, 지금이 어느 땐데
도다리쑥국을 찾고 있노

달팽이

말복을 끌고 가는 오후
달팽이의 이상한 몸짓을 보았다
갑자기 두 팔을 벌려 목을 길게 뽑았다
어떤 가수 지망생이 오디션을 앞두고
허공을 재단하며 가성을 질렀다
알아들을 수 없는 슬픈 소리가
들리는 것 같았지만
끝내 아무 소리도 없었다
제풀에 놀라 떠는 소리만 들렸다

부엌

늘 혼자 웅크린 어머니의 공화국
달그락 달그락거리며 자라는
굵어지는 손마디
한 생애를 치댄 얼룩진 자리
헤진 앞치마에 감물처럼 묻어있다

한 허리 한 허리 참으로 뜨거운 일생이
순간처럼 일렁이고
화석처럼 하나 둘 박혀있는 질긴 이름
유언 같은 안부를 주고받으며
피워 올린 형상들이 굴뚝을 찾아
허파 없는 하늘을 머리를 든 채 헤엄치고 있다

늦은 오후, 정지 틈을 비집고 들어온 햅좁쌀 같은
햇살 한 움큼
팽팽한 감정이 들썩이는 솥뚜껑 위에 내려앉으면

온몸으로 익힌 일상 하나가 허기진 입 안 가득
환하게 불을 밝힌다

솔박재

검정 고무신이 알을 슬고 있었네
미끄러진 내 유년이 그 어디쯤 웅크리고 있었네

하현달 달무리가 가시기 전에 재를 넘어야
좌판 하나 차지할 수 있다네
이제 막 포대기에서 깨어나 물장구치는 나는
엄마의 옆구리에 매달려 있었네

땡볕 난전에서 부산한 장바닥을 붙들고
종일 돈을 만드는 엄마

장마당을 닫고 오는 길목에는 굴참나무 몇은 졸고
산비탈에는 몇 무리의 억새꽃이 바람에 시달리고
하늘에는 검은 리본 같은 갈까마귀 떼*가
하늬바람에 공중제비를 하고 있었네

나는 하늘하늘 핀 길섶 풀꽃에서 요요로이
날갯짓하는 청록색 물잠자리에 잔망이 팔려

저만치 엄마를 잃고 말았네
더럭 겁이 난 나는 무섬증에 엄마의 치마폭으로
숨어들었네
쿵쿵 소리가 들렸네

엄마는 나와 숨이 닿는 거리에 있었고
나를 내려다보는 하얀 박꽃이었네
동구 밖에서 나를 기다리던 외할머니 모습이었네

* 김원숙 수필 「저승이 문밖이라」에서 따옴.

연꽃

햇살 도망간 뻘밭이라도 좋아
다들 썩은 세상 세상 하지만
썩은 곳이라도 좋아
물들지 않는 만행卍行을 꿈꾼다면
썩은 둥진들 어떠랴
한줄기 맑은 바람 안고 하늘 향해
마음껏 내 향기와
빛깔을 뽐낼 수 있는 곳이면 돼
눈부시게 맞이하는 동무 하나 있으면 돼

어쩌다 한해살이 가시연꽃도 가깝게 지내지
수련은 어쩌구,
거울 앞에선 내 누님 같기도 하지 *
숨어버린 영롱한 빛깔,
엷은 손수건처럼 손바닥만 남아도
단단한 종자 하나 억겁을 건진다면
저 혼자 낯선 길의 주름 속에

내생이 있다면
연밥 한 그릇 못 얻어먹어도 괜찮아

무재칠시無財七施의 꽃을 피우기 위해 화엄을 기다리다
염화미소 속에 갇히고 말았네

* 미당의 시 「국화 옆에서」 따옴.

저녁에 줍는 꽃

채움만이 전부이던 긴 터널을 지나
욕망의 숙주를 베어버리고
꽃과 벌이 노래하는 전원으로 간다네
꽃이 피는 고요함으로
벌이 나는 소란스러움으로
전원은 늘 분주하다네

삶의 관성에서 일탈 한 번 못하고
세상과 불화했던 이전을 벗어던지지 못하고
낯익은 것들과 춤만 추었네

나쁜 일상을 내려놓고
처음 달려온 눈빛을 찾아서
이전이 틀리고 지금이 옳다는 것을
깨달아야 한다네

이제 의자를 내어주고
뒤 터에 아욱을 심고

모서리엔 봄꽃을 옮겨 심어
푸르고 붉은 것들의 이름을 호명하며
감추어둔 꽃잎을 남김없이 피게 할 것이네

종자

비바람은 왜 그리 못살게 구는지
먹구름도 심심찮게 나를 괴롭혔지
과육을 뱉어낸 아픈 기억들이 입술에 남아
세상 밝히는 촛불 하나 잉태하기 위해
자궁 속에서 엄마의 눈물마저 받아먹는다고
눈치도 받았지만
눈물 없는 세상에 영롱한 구슬 하나 얻을 수 없지
손 없는 날, 후미진 곳에 봄을 심어
빛나는 얼굴로 고개 들어야 한다고
아픈 상처 안으로 삭히고 삭혀야
밝은 햇빛 볼 수 있다고
이른 봄날 돌팍 사이에서 힘겹게 웃고 있는 너는
모진 비바람과 먹구름의 자식이지

석류

흘레질하던 길고양이
흘겨보는 봄의 뜰 모른 체하고
실눈 뜬 동백꽃 못 본 체하고
식은땀 삐질삐질 흘리다
늘어지게 낮잠을 자는 사이
꽃망울 툭,
처녀가 터졌다

탯줄 덜어낸 자리
토실토실 살이 오르고
나 어린 처녀 가슴같이 팽팽하던 것이
눈만 흘겨도 짝하고 터질 것만 같은,

아버지의 땅

아버지 이제 그만 눈길을 거두세요
눈물겨운 날들을 벗어버리고
논배미가 저절로 자라도록 내버려 두세요
아버지의 야윈 홑옷 사이로
어둠이 찾아들 때까지 멈추지 않았던 삽질
한 뙈기 건너 또 한 뙈기 무너지는 비루한 언덕
뜨거운 혈액을 채워야 한다고
고성 벌판처럼 물길이 돌아야 한다고
겨울 벌판에 버려진 작은 볏단 같았던 육신으로
논배미에 뼈를 묻기라도 할 것처럼
목젖까지 차오르는 숨을 누르며
허기와 갈증을 모은 누에가 뽕잎을 갉아먹듯이
야금야금 평수를 늘려가셨지요
오늘도 선산 비알에 누워 빗진 일 없이
아무도 굶기지 않았던
그 땅을 다져 밟고 계신 아버지

이제 옷깃에 묻은 흙냄새 털어내시고
어머니랑 소풍이나 즐기세요

처녀 뱃사공

닭장은 늘 평화롭다
할머니만 불평이다
쎄가 만 발이나 빠질, 쎄리줘이도 시원찮을 달구새끼들
닭장에 대고 육두문자를 날린다
할머니의 전리품은 어디로 갔을까?

겸연쩍은 나는 짐짓 쇠죽솥 부지깽이 두드리며
할머니가 즐겨 부르시던 처녀 뱃사공을 한 소절 뽑는데
"고요한 처녀 가슴 물결이 이네"
이 대목에서 할머니는 서둘러 남새밭으로 가시고 만다

할머니 욕바가지 멀뚱멀뚱
무슨 일인고 흘금흘금
면두를 꼬집으며 꽁지깃을 세운 수탉
먼 산에 불꽃 보듯 횃대로 오르는 암탉
나는 잘 익은 계란 두 개 얼른 챙겨 뒤란에서
순식간에 해치운다

첫 강물이 열리다

해 질 녘 강둑에 앉아
돌의 몸에 부딪는 물소리 들어보자
오순도순 흘러가는 속살거림 들어보자
물결에 이는 바람처럼 바람에 이는 물결처럼
맨몸으로 들썩인 충동
물밑 노을로 달아올랐던
강 언덕에서
낯가림 없이 속살 풀어 보이며
다시는
바람에 무너지는 천만 갈래 물결은 되지 말자며
말없이 깊어가는 강물을 열었다

먼 하늘 아래엔

먼 하늘 아래 찬바람 불면
어머니 퇴행성관절염 앓는 소리

내가 첫울음 울던
뙤약볕 콩밭엔
흰 나비 몇 마리 날고 있네

바람 따라
구름 따라
고향 소식 묻혀 올 때
그렁대는 아버지 해수병 소리

노을 타는 시골집
어머니 관절염 앓는 소리
아버지 해수 끓는 소리
그 곁에 눈물 가득한 나는 없네

제4부

까짓것

우리는 가을이 다 익어가는 어느 날
트렌치코트의 깃을 세우고 좁은 골목으로 접어들었다
그때 갑자기 아내가 담쟁이 이파리가 채 마르지도 않은 돌담으로
나를 몰아붙이며 협박하듯 말했다
"우리 결혼하자"
순간, 나는 뾰족한 변명이 궁한 터라
"까짓것 하지 뭐"
남 말 하듯 하고 말았다
그러자 아내는 점령군처럼 족쇄를 채우고 한눈팔지 못하게 했다

아, 우짜노!

그 후 수많은 내전이 장마에 독버섯 나듯 무성했지만
'까짓것'
그 말이 나의 혈관에 뜨거운 주홍글씨가 되어

찬바람에도 끄떡없이
때로는 동체에 경련을 일으키며
무서움에 오줌을 지리기도 하면서
빠삐용의 용기마저 생물학적 거세를 당했다

이 우발적인 청혼이
촘촘한 그물에서 탈출하지 못하는 내 사주명리와
어떤 연관이 있는지 또렷하게 알지 못하지만
뾰족한 수 없이
노아의 대홍수가 터지는 그 날만을 기다리고 있다

뭐?

개랑 흘레하면 개랑을 낳는다고
개랑이 개랑과 이종교미 하면
씨 없는 개가 된다고

우장춘 유산으로 개량 한복 걸치신
아버지
막걸리 한 사발에
질겅질겅 씹은 개 값 주고
돼지고기 한 근 끊어
뒤뚱, 논두렁 타고 오실 때
뙤약볕 콩밭엔 어머니 개량호미 다잡고
텃밭 개량 무 굳은살 하나 없다

혀를 빼 문 늘어진 오후
고샅길 땡볕 아래 그 짓 하는

뭐, 개랑 한다고?
귀두골 개랑 한다고?

팔월 자객紫客

숨다 숨다
애태우다 애태우다
초혼처럼 부끄러워
다시 화관을 쓴 신부
처녀처럼 터졌구나
아픔만큼 터졌구나
수줍음으로 메우는 팔월 자목련
누야 자주색 저고리처럼
호젓이 피었구나

매착이 없는 사계 우짜몬 좋노

여름밤에는 피아노 소리가 들린다

그해 여름
밤은 너무 쉽게 찾아왔다
갈 곳 없는 나는 여느 때처럼 골목을 따라 걷다가
피아노 소리 묻어나는 어느 창문 앞에 머문 나
내 상념도 따라 멈춰 섰다 나는
어깨선을 따라 물결치는 백랍 같은 여인을
피아노 음계를 두드리는 가는 손마디를
폭포처럼 흘러내린 그녀의 머리채를
생각하며 그 골목에 장승처럼 서 있었다

계속된 그 밤의 세레나데는 무한 음계를 녹여냈고
이별을 이겨내지 못한 그 골목엔 음표들만 돋아나고
끝내 음표들이 나를 천 길 나락으로 몰고 갔다

지금 나는 반쯤 잊혀진 이별을 소환하며
먼 하늘 아래 어딘가에서 높은음자리와 살고 있을
백랍 같은 그녀를 생각하고 있다

그녀의 순결한 갈비뼈로 남고 싶었던 나는
오래 참아낸 이별 속에 갇혀있다

아— 고백하지 못한 그해 여름밤의 열대야

한 번도 창밖으로 얼굴을 내밀지 않았던,
아직도 내 가슴에 애처롭게 남아있는
그해 여름밤 패티 김의 이별이 물오름처럼
솟아나고 있다

끝 간 데 없다

끝 간 데 없는 태평양에 꿈을 묶어두고
뱃길 찾아 떠났던 머나먼 여정
한 장 철판 사이에 내 운명을 청탁했던
번지 없는 검푸른 바다
하늘 높이 솟구치는 청새치의 힘찬 몸부림
내 젊은 날의 호연지기를 닮았네

끝 간 데 없는 대서양에 꿈을 묶어두고
더 짙어지지 않는 어둠을 뚫고
광막한 바다를 헤맬 때
온몸으로 부대낀 눈물겨운 그리움은
서녘 하늘에 지는 해처럼 서러웠네

끝 간 데 없는 인도양에 꿈을 묶어두고
편서풍에 몸을 실은 알바트로스의 눈길 따라
쉼 없이 치맛자락 같은 그물을 던질 때
빈 그물에 꽂히는 선원들의 눈길 속으로

끝내 내 꿈을 번식하지 못했던 그 바다가
다시 오라 다시 오라 부르고 있네

열병

우체부가
잘 말린 낙엽 몇 장 던져놓고
겨울을 데려왔다

움츠린 커다란 등을 맞대고
불순물 섞인 행간을 말아서 종이 감옥에 보낸다

묵상을 의복처럼 걸치고 사물의 외등 위에
쪼그리고 앉아 불면의 방을 건넌다

끌고 가는 힘과 버티는 힘이 겨루며
겨울의 뜨락에 외투를 걸어놓고
옆에 없는 고집을 불러들여
낯선 실험실에 성벽을 둘러친다

오랫동안 시달려온 필연, 몸을 던져
밤새워 우는 벌레처럼 쉼 없이 짖어댄다

발정 난 암고양이 미혹에 빠져
천년의 세월마저 닮지 않은
귀신마저 펑펑 우는 종이의 방에서 꽃불을 길어 올린다

나는 이제까지 대문 안에서 연필로만 짖어댈 뿐
아직 외출을 허락받지 못했다

수족관

줄을 서서 기다리는 생은 흔한 일
누구나 한 번쯤 고향을 그리워하며 창문 너머로
돌아갈 꿈을 꾸기도 하지만
아무리 몸부림쳐도
수국水國으로 돌아가지 못한다는 것을

청라 빛 깃발을 흔들며 이 해구 저 해구로
가난한 어부의 그물에 걸리기 전까지
유년의 동산을 가없이 달렸다

로수용소에서
먼지가 무서워
대놓고 내밀지도 못하게 될 줄은
쉬기라도 하면 표적이 될 줄은
헐값에 목숨이 가불 될 줄은

도 않고
란한 칼질

기억에 머문 연민이 가차없이 잘리고
무지갯빛 살점으로 말간 지리로

그녀는 한 번도 죄를 묻지 않고 체포를 집행했다
날 선 단두대만 시퍼렇게 날을 세우고

하얀 모가지 때문에

바람 부는 날에만 외출을 한다 생머리도 머리지만 머리 밑으로 드러나는 하얀 모가지 때문이다 내가 바라보는 목선은 목이 긴 사슴과 근본적으로 다르다 아내와 외출하는 날은 더욱 예민해지는데, 언젠가 에메랄드빛 스카프 여자를 계속 따라가며 바람이 불기만을 기다렸는데, 마침 그때 아내의 전화 벨소리에 놀라 고궁으로 발길을 돌린 적이 있다 일부러 아내의 눈을 피해 경회루 연지 청둥오리 한 쌍의 미끈한 목만 쳐다보면서 그냥 생각에 잠겼는데, 이런 내 집요한 욕망을 의심하는지, 의심할 때마다 어떤 메모를 남기는지, 자기에게 매달려 사는 나를 벼랑으로 던질 계획은 없는지, 아내의 생각을 해석할 자신도 감당할 능력도 없지만 외출을 끝내고 다른 날과 별반 다르지 않게 얼굴은 몇 번 마주쳤지만 목은 절대 쳐다보지 않았다

기포

일곱 송이 장미

그대 머리맡에 부려놓고

쌓인 그리움 점점이 찍어

각막에 일렁이는 낯익은 잔영 하나

엷은 손수건에 띄워 보내고

마음속 가득히 얼룩진 사랑 이야기를

능소화 꽃잎에 띄워 보낸다

나와 남태평양과 사모아

운명의 긴 터널을 따라
탯줄 이어진 인연을 따라
지상의 욕망을 뒤로한 채
남으로 남으로 나침반을 따라간다

잔물결에도 요염하게 춤추는 클리오네
마누카 꽃향기에 취해버린 남국의 마도로스
뱃머리가 파도를 가를 때마다
물비늘 사이로 달려드는 노스탤지어 손수건
수평선을 그어두고 배를 몰아가면
노을은 눈부시게 다가오고
무지갯빛 노을
물속에 가라앉으면
마스트 우듬지에 만월이 걸린다

속살을 보이지 않는 바다
꿈을 펼쳐 들고 치맛자락 같은 그물을 던진다

빛바랜 만선기에 생기가 돌을까?

찢어진 흰 블라우스처럼 펄떡이는 파도에 몸을 던져

쉼 없는 날갯짓을 해야 했다

자갈치 사람들

언 손으로 좌판을 끌며
납덩이 같은 몸
가자미처럼 붙이고
삶을 줍는 자갈치 사람들
독일 전차처럼 리어카를 밀며
시장의 새벽을 깨운다
짠물에 절어 있는 찌든 몸빼바지
좌판마다 비린 꽃이 왁자하다
어둠에 묻혀 나왔다가 어둠에 갇혀 돌아가는
자갈치 사람들
꺾어진 세월 수초처럼 흔들리며
내일은 눈부신 아침길이 열리겠지
웬걸, 젖은 길이 그 길인 것을
끊어질 듯 휜 허리 기댈 곳 없어도
한평생 달라지지 않는 길을 삐걱대며 살았어도
이 바닥이 내 텃밭인 것을
이 길이 내 목숨인 것을

갈치 한 마리

통영중앙시장
아내가 눈독 들이는 제주 은갈치
우리는 시장을 몇 바퀴째 돌면서 눈길은
그쪽에 쏠려있다
아직도 갈치가 눈을 껌벅껌벅한다는 좌판 아주머니
물 좋은 은갈치를 들었다 놨다 우리를 유혹한다
아내는
갈치 한 마리 값이면 한 달 전기세,
그깟 것 안 보면 되지, 그걸 눈치챈 나는
"한 마리 사자! 막내도 좋아하는데"
감성을 자극했지만 결국 우리는 빈손으로 돌아왔다
오매불망 기다리는 막내 눈치 보며
눈물로 간을 한 아내표 떡볶이를 목구멍으로
밀어 넣는다

아버지의 섬

쥐 불알같이 작아 도토리 섬
보릿고개 한창이던 유년 시절 나는
아버지가 일하는 그 섬에 가곤 했다
멸치배가 만선기를 휘날리며 섬에 들어오면
섬은 온통 새로운 풍경으로 뒤덮이고
멸치 떼가 따가운 햇살 아래 은빛 미라로 환생하면
멸치 발을 부둥켜안은 아버지의 그림자는
오뉴월 긴 해만큼 길어졌다
나는 아버지 꽁무니를 따라다니며 멸치를 줄창 주워 먹었다
멸치는 내안內岸에서 항로를 이리저리 바꾸며 바다로 가기 위해 발버둥 쳤다
어쩌다 골라 먹은 꼴뚜기도 떠나온 고향을 찾아 먹물을 쏴대며 변침을 거듭했다
섬에 어둠이 내리고
바다마저 까맣게 채색되면

집 떠난 물새들의 설운 울음소리가 엄마를 찾는 나의
애처로운 울음소리와 닿아있었다
고단한 파도소리만 들리는 아버지의 섬,
물새들의 울음소리마저 파도 이랑에 묻힌 채
아득한 잠 속으로 빠져들었다

손톱 깎는 날

형벌은 가혹하지 않아야 한다
질긴 시간을 예인하는 빈 하루
보석처럼 다듬어 저항은 길지 않게
오뉴월 잡풀처럼 잘라내도
바람에 흔들리는 조명처럼 무성한 비명은
지르지 않아야 한다

매달렸다 떨어지는 화음은 스타카토
부정맥 너무 빠르다고 멈춘 손을 물어뜯으며
손목 잘리듯 내 욕심도 싹둑 잘린다

완충장치 풀린 밀도 높은 질량들이 한데 모여
어느 모퉁이에 잠자코 서 있는 나무 밑동을
거침없이 잘라낸
후미진 곳에 성가시게 서 있는 내 마음까지
자르게 될지 누가 아는가

석간신문 가장자리 퍼질고 앉아
눈물겹게 떨어지는 발부髮膚는
왜 또 투정을 하는지
족보 없는 손금만 들여다보고 있다

공공근로

한 계절에는 푸르고 무성하였다
또 한 계절에는 늙고 야위어서
비명 없이 그 몸을 일으켜 세웠다

이변을 꿈꾸지 않았으므로
무너진 자리 클릭하며 일어났다
발밑까지 누워 안간힘으로 일어났다
안간힘으로 내려간 계단
바닥의 하찮은 몸짓도 그에겐 짐이었다

일어서고 있다는
달라지고 있다는
세상이 자라고 있다는
희망이 돋아나는 날까지 흩어진 퍼즐을
맞추고 있다

제5부

부정맥

원형극장을 방황하던 집시들
방목된 저녁에는 유랑의 주소를 들고 나왔다

피곤한 날개 위에 떨어지는 일상을 깨는 조각들
나는 무엇에 쫓겨 이곳까지 와서
비틀거리는 야성의 밤을 보며 그리움에 질식해 있는가

심부전증이 지배하는 이 도시에
유령의 그림자가 다가오고 있다

자백을 거부하며 믿음을 잃어버린 거리에서
낮술에 취해 수배된 몽타주를 밟고
길바닥을 배회하는 지친 발자국들

질식을 피해 목울대에 잔뜩 바람을 채운 사람들이
길 위에 눕지 못하고 길 밖의 질서들로 쫓겨나
흡입하는 분노의 박동을 굴절시키고 있다

하늘로 뻗어있는 소망의 길에서
유령 따라 걷다가 얼굴 없는 침묵의 혀를 보며
계획된 소망을 행낭에 담아 환하게 촛불을 켜고
길 잘못 든 아이의 귀환을 기다린다

서울 비둘기

재개발 중인 강남의 아파트에서
끼니를 해결하던 비둘기들
어느 날,
희뿌연 연기와 함께 둥지가 사라지자
갈 곳을 몰라 무리의 꽁무니만 좇아다니더니
이제는 휑해진 건물의 잔해로 몰려다니더니

며칠 후
현란한 네온 빛 그늘에서
처량하게 도시의 밤을 뒤적이다가

몇 무리는 밤비 내리는 지하철 환풍구에
쭈그리고 앉아
서로 부리를 닦아주고
도시의 불빛이 찬란해질수록 비둘기들의 눈은
허공을 향해 슬프게 깜박였다

강북의 비둘기들은
비에 젖은 쭉정이를 쪼아먹다
헐거워진 배를 문지르며
살이 오른 강 건너 친구들을 부러워하다

파고다 공원으로 날아가
노인들이 던져주는 새우깡을 받아먹거나
남대문시장 어귀에서
다리에 피멍이 들도록 돌아다니며
날개를 분주하게 퍼덕이고 있다

어쩌다가 망루인 양 광화문 이순신 장군 동상이나
고층아파트의 베란다에 올라
서울의 공기를 흔들어보기도 하지만
미세먼지 사이로 손바닥만 한 하늘 하나 건지지 못 한다

녀석들 머리를 맞대고 인류평화를 구구대는데
평화는 가까운 듯 멀리 있다

겨울비 추적거리는 거리를
비에 젖어 뒤뚱대는 서울 비둘기들

더 젖어 보이는 몇 마리의 등 위에 내려앉은
도시의 불빛,
비문증을 앓고 있다

잉여기도

나처럼 기도에 맹탕이 또 있을까
의식에 따른 기도가 아닐지라도 본능적인
기도 심리는 있는 법이련만
어줍은 내 기도는 엄숙을 흉내 낸 댓돌 아래
마당쇠의 품새
아무렴, 나의 어설픈 기도에 감응할
삼신할미가 있겠느냐마는
토담 밑 장독대에 두 손 모은 간절한 두 여인
한없이 낮춘 백팔 배에 더하여 삼천 배 기복
정화수에 사뿐히 내려앉은 지장보살의 미소
기구祈求하신 염원들이 보시한 생의 환희와
시상의 광채가 아침 뜨락에 거룩하게 잉태되고
아직도 잔설처럼 남은 양수 같은 온기
남은 생애를 선불리 장독대에 얹어 불꽃 같은
여분의 기도나 달라고 해볼까

고향에서 울다

낯선 이들이 차지하고 있는 내 유년의
고향을 보며 울고 있습니다
낯선 이가 차지하고 있는 내 유년의 집을
보며 울고 있습니다
어머니, 한세상 다하여 나를 안아주시던
아버지, 기우뚱 기둥을 안간힘으로 버티던

넉넉히 펼쳐진 들
해마다 여리게 피는 복사꽃 마을길
실개울 찰박대며 조근 조근 말 걸어오고
나는 하늘의 무지개를 바라보듯
먼발치에서 그리움의 눈물을 삼킵니다
보릿고개 넘던 가족들의 눈망울이 어머님의
눈시울을 적십니다

한 줌의 눈물마저 빼긴 유년의 고향
아직 증발하지 않은 빛바랜 무늬가

어둠에 묻혀 보이지 않을 때까지 나는

그저 울고 있습니다

통영 중앙시장

바다보다 한 발 먼저 일어난 어머니
어둠 열고 나간 배들 새벽 싣고 돌아오면
당신은 노동의 비린내 나는 좌판 끌며
하루를 시작한다

곁불의 체온으로 피워낸 아침햇살
어머니 칼질 빨라지면
어시장 한 줌 한 줌 살점에서 무지개가 돋아나고

무디어가는 칼질 멈춘 자리
바다색 머금은 플랑크톤들이 회유를 멈춘 듯
홍건하게 둥지를 튼다

칼질의 끝은 언제쯤일까
파도 살 이랑마다
뭇 목숨을 다스려온 저 검푸른 바람
잠시 묵상에 잠긴다

하루를 둥글게 말아 웅크리고 앉은 어머니
등허리 가득
붉은 노을이 피어나고 있다

지금, 동해를 따라

동해를 따라 가는 동안
비구름같이 떼 지어 다니는 청어 떼를 보았다
청어의 출현,
현상금까지 걸린 국내산 명태, 꿩 대신 닭일까

파장이 긴 저녁노을
호미곶 앞에 두고 호미처럼 휜 어부의 시린
등짝에 내려앉으면
아내는 비껴가는 희망 함초롬 드러내고
황혼빛에 홍건히 물이 들었다

멀리 수평선 너머 한꺼번에 솟아오르는 오징어 배 불빛
쿠로시오 해류 길목에 그물을 치고
그물이 올라올 때
어부는 좋은 예감 같은 것은 버렸다
수평선 너머에는 바다가 없을 거라고
돌아오지 않는 배들만 모여 있을 거라고
맨살로 물속을 넘겨보던 유년이 생각났기 때문이다

명태 울음소리 불러 모으는 집 나온 물새들
잠들지 않는 밤바다를 덜컹거리며 달리는 배
심연의 밤바다는 아무도 모르게 벙어리가 되었다

겨울 강심

몇 바가지 물만 하얗게 고여 있다
그녀의 마른 갈꽃 같은
젖줄을 빨던 고기들은 바싹 척추를 곧추세우며
문자가 없던 수 세기 전 화석으로 잉태되고
수분을 빼앗긴 바닥은 모나고 앙상해
늙고 못난 자갈들이 삭은 뼈처럼 그녀가 살아온 날들을 조각하고 있다
시들지 않은 바람 몇 점 맴돌다 속눈썹 같은 주름을 만들고
물이랑을 파고들며 소란 떨던 물새 울음소리도 사라진 지 오래다

푸석해진 바닥을 습관처럼 쥐고 있는 햇빛
굶주린 그녀의 뱃구리에 감기던 물의 하체가 골반 뼈 끝에서
부서진 채로 하얗게 거품을 물고 있다

물오름

뭉클,
아,
내가 찾던 여자
저 여자와 연애를 할 수 있다면
시지프스의 형벌이라도 마다하지 않을 텐데
내 안에 호수가 되어
물안개처럼 피어나는 그리움
거짓은 벼랑으로 던져도 좋았다

일렁이는 촛불 너머 백자처럼 고운 모습
흰 도화지에 채워도 채워도 비어 있는
왜 가슴 한구석이 항상 비어 있었는지 이제야 알겠네
그 빈자리가 당신의 자리였다는 것을 비로소 알겠네

유목의 하루

바람벽 한 몸 되어 살랑대는 바람 속에
서로 만나지 못하는 긴 침묵 모래톱을 넘어
이별하는 바람 따라 까마득히 멀어져 간다

무척이나 긴 하루
아득한 지평선에 솟아나는 갈색 용오름
고집 센 폭풍에 밀려 유랑의 표정마저 흔들린다

무성한 회오리를 뚫고 폭풍의 통관을 거치면
구름은 비를 부르고 비는 바람을 부르고
지친 낮과 밤이 사막의 하루를 넘는다

따가운 햇살에 키만 키우는 그림자
끝없는 방황의 길을 저벅대며
목마른 낙타 등에 매인 유목의 하루는
또 밤의 끝을 돌아 새벽을 맞는다

중문 색달해변

남으로 열린 창
퍼시픽호텔 테라스에 서 있는 여인
욕실에서 금방 나온 나신
가는 손가락 사이 담배 연기
미풍에 날리는 에메랄드빛 스카프
해초처럼 흩날리는 난발의 머리카락에
묻어나는 붉은 노을
석양 끝을 쪼아대는 흰 물새들이
무지갯빛 물비늘과 함께 사라지고
일제히 물속으로 가라앉는 고도孤島
흰 거품 잦아들자
포구에 온전히 닿지 못한 채
밤새 뒤척이던 배들이 새벽을 깨워
백로처럼 만선기를 올리고
늦은 뱃고동 접수하며
늙은 포구로 줄지어 서 있는,

차가운 레일

—태백 폐광촌에서

잿빛 어둠을 살라 먹고 젖은 시간의 덮개를 밟으며 망각은 죄악이라고 독백을 외칩니다 대본의 행간에서 얼굴을 내밀고 있는 빛바랜 사진 한 장 꺼내 아픈 비망록에 밑줄을 긋고 있습니다 그 통속적인 모습은 유일한 단서인 흑백사진 한 장을 재생하여 자백의 자기혐오를 치유하기 위한 양심의 몸부림인지도 모릅니다 벽과 바닥을 파먹는 깊이를 재단할 수 없는 차디찬 방주, 채우지 못한 허기, 삶과 죽음의 경계 속에서 궁핍이 밀물처럼 밀려오는 상실의 시대를, 모순이 뱀처럼 똬리를 튼 병든 사회를, 죽은 시인은 툰드라의 얼음벽 속에 갇힌 미라처럼 바라보아야 했습니다 하여, 질서가 황폐화되어버린 패닉의 계곡에서 분출하지 못하는 마그마가 되어 위선으로 위장한 거만한 위정자들이 진화하지 않는다고 질서의 하부구조 속에서 이미 반납한 자유를 외친들, 백열전구 속에 끊어진 필라멘트의 몸부림에 불과할 것입니다 존엄이 실종된 그곳에,

창백한 주검들이 산화한 그곳에, 낡은 각본의 부활을 숨기고 백비白碑 하나 세워 애도의 가면극은 너무 익숙하지 않습니까? 나는 화석처럼 굳어버린 희미한 의식을 붙잡고 그 신화의 땅, 소행성 분화구에 앉아 부채 의식 하나 없이 부정 호흡을 멈추고 언 땅에 묻힌 차가운 레일 사이에서 신음하고 있는 웅크린 흑백사진을 보며 수피樹皮가 회갈색으로 더욱 짙어지는 독일가문비나무 밑동까지 파먹어야 했던 이방인의 시퍼렇게 멍든 발자국 소리마저 채록採錄하고 있습니다

겨울 판화

무표정한 일상이 하루를 갈무리하고
햇살 삭힌 저녁이 어둠을 재촉한다
숙성된 침묵이 공간을 허물며
저녁의 정거장에 성근 마음 부려놓고
구멍 난 손바닥 풍화로 씻어낸다

검은 점토 같은 손등 위에 방황하는 묵언들
하릴없이 청춘을 탕진한 무책임한 일상들
아직 태어나지 않은 성급한 새벽의 두려움
희망이 열어주는 기지개 한번 켜보지 못하고
햇살 지나간 간이역 플랫폼에 몸 가득히
불안한 짐짝들을 풀어 놓는다

백열등 아래 누추한 손잡이 모빌처럼 흔들리고
부딪는 몸들이 피할 수 없는 지루한 목록들을
켜켜이 사려놓으며

비명 끝에 매달린 버림받은 손 하나
마른 잎 흔드는 겨울나무 되어 내 부끄럼을 헤고 있다

어둠을 살라 먹고

촛농 서너 방울 떨어뜨린다
제 몸을 지졌던 촛농,
막대초를 세워 어둠을 보낸다
어둠은 자벌레처럼 더디게 물러갔지만
허물은 남아
인기척이 없는 뜰 앞
짙은 어둠에 빠져 나쁜 꿈을 꾸던 새들은
거친 나무 등걸에 몸을 맡기고
어둠을 살라 빛을 만드는 일을 되풀이하는
달빛은 생명들이 움찔할 때마다 희망은
두려움으로 남아 있다

이제 흔들리는 불빛은 무뎌도 좋았다
뜰 앞을 서성이던 달빛은 어둠을 밀어내고
새들의 부끄럼마저 알아버렸다
지나간 어둠과 오는 달빛이 뜨락에서 두런두런
밤을 새고 있다

✎ 백영현의 시세계

별을 품고 산 영원한 로맨티스트

박종현(시인)

새로운 별세상을 꿈꾸다

자신이 꿈꾸던 별세상을 온몸으로 구현하려고 했던 작가 클라인바움은 『죽은 시인의 사회』에서 주인공 키팅을 통해 그 별세상을 실현시켜 놓고 있다. 『죽은 시인의 사회』는 'Dead Poets Society'를 직역한 말이다. '고전 시인 동아리'라는 의미로 '새로운 세상을 꿈꾸는 사람들'이라고 번역하는 것이 바람직하다. 『죽은 시인의 사회』를 읽은 독자나 영화를 본 사람들은 작가가 독자들에게 무엇을 건네려고 했는지 쉽게 알 수 있다. 학창시절 '고전 시인 동아리' 회원으로 활동했던 키팅 선생님이 규범화된 기존의 교실 문화에서 벗어나 혁신적인 교실문화로 바꾸어 학생들로 하여금 매순간을 만족하며 즐길 줄 아는 삶을 추구하게 하였다. 이것이 어쩌면 이 시대를 살아가는 시인의 역할인지도 모른다.

'자신만의 걸음으로 자기 길을 가거라. 바보 같은 사람들이 무어라 비웃든 간에.', '나는 끊임없이 사물을 다른 각도에서 보아야 한다는 걸 잊지 않으려고 책상 위에 서 있는 거야.' 그리고 '현재를 즐겨라'라고 『죽은 시인의 사회』에서 외쳤던 키팅의 말을 백 시인은 바다라는 현장, 사랑과 시라는 이상의 세계에서 그것을 꿈꾸며 실현하려고 안간힘을 썼는지도 모른다. 그 결과 백 시인은 자신의 별세상을 창조할 수 있었다. 그래서 필자가 백 시인에게 붙인 이름이 '별을 품고 산 영원한 로맨티스트'이다.

별의 어원이 '밝다'에서 나왔다는 설이 있다. '희다'에서 탄생한 해와 함께 그 뿌리는 모두 '빛'과 관련된 말이다. '별'과 '해', 이것은 인간의 영원한 꿈이자 신앙이다. 해는 인간이 태초부터 숭배의 대상으로 여겨온 하나의 신앙으로서의 존재였고, 별은 인간의 오염

된 내면을 씻고 헹궈 순수한 영혼을 가졌을 때 비로소 닿을 수 있는 새롭고 아름다운 세상이면서 그런 세상에 대한 그리움이라 할 수 있다. 그 별은 스스로 깊이 관조할 때 비로소 빛을 낸다.

이 시대의 영원한 로맨티스트인 백 시인이 꿈꾸던 별세상은 과연 어떤 빛으로 반짝일까? 무척 궁금하다. 다행히도 그 별세상은 백 시인의 시 속에 고스란히 터전을 잡고 있다. 백 시인이 꿈꾸었던 첫 번째 별세상은 바다다. 그리고 두 번째가 사랑이고 마지막 그리던 별세상이 시이다. 로맨티스트인 그가 꿈꾼 별세상으로 들어가 우리 또한 그 낭만과 꿈에 젖어 보는 것도 힐링과 행복을 성취하는 길이 아닐까 하는 생각이 든다.

별세상 하나-바다

백영현 시인에게 있어 '바다'는 창작자의 내면에 잠재한 바다에 대한 두려움과 억압된 정서를 형상화함으로써 그 두려움과 억압된 정서를 동경과 꿈이라는 정서로 전환시켜 놓은 공간이다. 바람과 태양열, 그리고 외로움이 지배하고 있는 바다는 말 그대로 두려움이고 절망이다. 이러한 두려움과 절망을 이기는 방법을 백 시인은 동아프리카의 가상왕국 와칸다의 화이트고릴라 부족한테서 지혜를 차용해 바다를 낭만과 꿈의 공간으로 만드는데 그 지혜를 발휘한 것 같다는 생각이 든다. 화이트고릴라 부족이 고릴라에 대한 두려움을 떨치기 위해 고릴라를 토템으로 섬겨 마침내 그 두려움으로부터 벗어날 수 있었던 것처럼 백 시인 역시 두려움과 절망으로 출렁이는 바다를 동경과 꿈이라는 이름으로 바꿔서 가슴 속에 품고 항해를 했다. 밤하늘에 떠 있는 별과 오랜 세월 동행함으로써 그리움인 별마저 친구로 삼았을 것이다. 그런 바다 생활에서 터득한 지혜로움으로 인해 위험천만한 바다에 대한 두려움을 잊고, 그 바다를 세상에서 가장 아름다운 별로 반짝이는 낭만의 세계로 만들 수 있었을 것이라 생각한다.

그에게 아무도 수심을 알려준 일이 없지만
바다가 무섭지 않은 것은
깊을수록 안온해지는 푸른 요람이 기다리기 때문이다

한때는 하늘보다 짙푸른 수직의 숲에서

수압에 움켜잡힌 목덜미가
하얗게 질린 언어들로 출구를 찾아 허우적대기도 했다

물살에 쓸린 심장이 부풀어 올라
물에 불은 삐라처럼 온몸이 헐거워진 날
물새 발자국에 고인 작고 희미한 별빛이
길이 되어준 적도 있었다

봄은 늘 바다 건너에서 왔다
살짝 데쳐야 바다색을 띠는 해초처럼
파도에 몇 번 자맥질을 당하고서야
봄은 그에게 다가섰다

늘 의자에 앉아 있던 통증은
봄이 지나가는 항로를 따라 피어오르곤 했다

바다의 통증을 삭히는 파도소리가
그의 이름을 불러댄다

화들짝
봄으로 피어오르는 수부

—「수부水夫」 전문

'바다가 무섭지 않은 것은/깊을수록 안온해지는 푸른 요람이 기다리기 때문이다' 깊은 곳일수록 더 무섭고 더 두려워지는 것이 인지상정이다. 그런데 그러한 심리를 화이트고릴라 부족이 고릴라를 토템으로 섬겨 그 두려움을 떨쳐내듯, 공포의 현장인 바다를 요람, 즉 꿈과 동경의 공간으로 설정해서 안온한 마음으로 바다를 만나려고 한 시적 발상이 예사롭지 않다. 이러한 낭만적 발상이 '수압에 움켜잡힌 목덜미가/하얗게 질린 언어들로 출구를 찾아 허우적대기도 했'던 경험과 '물살에 쓸린 심장이 부풀어 올라/물에 불은 삐라처럼 온몸이 헐거워진' 공포의 순간을 지혜롭게 극복할 수 있도록 이끌어 주었을 것이다. 그래서 마침내 '봄은 늘 바다 건너에서 왔다/살짝 데쳐야 바다색을 띠는 해초처럼/파도에 몇 번 자맥질을 당하고서야/봄은 그에게 다가' 설 수 있었고 비로소 '화들짝/봄으로 피어오르는 수부'로 거듭 날 수 있었던 것이다.

이처럼 시 「수부水夫」는 두려움과 절망의 정서가 소용돌이치는 현장을 꿈과 동경의 정서가 서린 공간으로 바꿔놓았다. 그것이 바로 힐링이요, 낭만이다. 이러한 힐링과 낭만은 상황에 의해 이루어지는 것이 아니라 창작자의 상상에 의해 창조되는 것이다. 낭만은 늘 현실에서 몇 걸음 비켜 있거나 삶에서 몇 발짝 벗어나 있다. 현실이 삶의 뼈와 근육과 피부로 구성되어 있다면 낭만은 형체가 없는 삶의 그림자로 느껴지는 것이다.

아버지
저도 어부가 되겠어요
물목에만 그물을 치는 기특한 어부가 되겠어요
약속받지 못한 아버지의 누추한 삶이지만
하루 한 뼘씩 늙어가는 아버지의 뱃길을 따라
탯줄 이어진 물길을 따라
파도에 자갈 구르는 소리 들리면
눈 시린 새벽을 깨워
그렁대는 아버지의 천식 소리 차가운 방에 적셔두고
무 청 같은 물결을 가르며 파랑을 찾아
미련 없이 떠나겠어요

잠든 물이랑의 빗장을 풀고
뒤척이는 물살에 낡은 그물을 엮어
눈물겹게 넘어가는 저녁 해를 바라보며
구멍 뚫린 듯 쏟아지는 별똥별을 쳐다보며

빈 그물에도 울지 않는 어부가 되어
바다에 누워 별을 헤겠어요

—시 「어부가 되겠어요」의 일부

속살을 보이지 않는 바다
꿈을 펼쳐 들고 치맛자락 같은 그물을 던진다
빛바랜 만선기에 생기가 돋을까?
찢어진 흰 블라우스처럼 펄떡이는 파도에 몸을 던져
쉼 없는 날갯짓을 해야 했다

—시 「나와 남태평양과 사모아」의 일부

하루 한 뼘씩 늘어나는 외로움은 고향으로 돌아가는 낡은 해도 위에서 방황하곤 했다

물병자리 심한 갈증이 이미 불 꺼진 등대를 스쳐 지나가면
은빛 꿈을 적시는 참치 떼들이 파도 깊이 잠수를 하고
소금기 절은 항해일지에 굵은 펜으로 그려놓은 만선의 꿈은
늘 너무 쉽게 지워지곤 했다

떠도는 갈매기가 눈짓하는 어군 따라 이동하는 남태평양 오후
뙤약볕만 가득 끌어들인 조타실에 정적만 쌓이고
노을에 비친 술잔 너머 바다가 조금씩 증발하고 있었다

—시 「남태평양」의 일부

파도와 싸우는 건 늘 그물이 할 일이다
해류 따라 흘러가길 거부하는 그물의 야성이
바다의 염도를 높인다는 걸 갈매기들은 모른다
저 높은 염도가 상처를 절여 아물게 한다는 것도 모른다
갈매기들 바빠진 날갯짓에서 은빛 비늘이 반짝이면
외로움이 만선을 만든다는 걸 비로소 선장은 안다

—시 「나침반의 방황」의 일부

'속살을 보이지 않는 바다'에서 '쉼 없는 날갯짓을 해야' 했고, '하루 한 뼘씩 늘어나는 외로움' 속에서 '소금기 절은 항해일지에 굵은 펜으로 그려놓은 만선의 꿈은/늘 너무 쉽게 지워지곤' 했던 바다 생활은 백 시인처럼 현장을 경험한 사람만이 만날 수 있는 바다의 속살이다. 남태평양의 넓이와 깊이처럼 극한 어려움 속

에서도 나침반이 가리키는 꿈을 좇을 수 있었던 것은 '외로움이 만선을 만든다'는 현실 극복 의지와 낭만적 가치가 어우러져 항해의 길섶에 일렁거리고 있었기 때문이 아닐까 하는 생각이 든다.

흔히들 지나간 일들은 모두 아름답다, 라고 하지만 백 시인의 '바다'는 지난至難한 어려움이 도사린 공간이었다. 그 공포와 고난, 외로움의 현장을 발판 삼아 딛고 일어선 로맨티스트 백 시인은 자신의 꿈과 신념, 그리고 낭만을 잘 버무려 만선으로 귀항하는 '별세상'을 창조했다고 말할 수 있을 것이다.

별세상 둘－사랑

채움만이 전부이던 긴 터널을 지나
욕망의 숙주를 베어버리고
꽃과 벌이 노래하는 전원으로 간다네
꽃이 피는 고요함으로
벌이 나는 소란스러움으로
전원은 늘 분주하다네

삶의 관성에서 일탈 한 번 못하고

세상과 불화했던 이전을 벗어던지지 못하고
낯익은 것들과 춤만 추었네

나쁜 일상을 내려놓고
처음 달려온 눈빛을 찾아서
이전이 틀리고 지금이 옳다는 것을
깨달아야 한다네

이제 의자를 내어주고
뒤 터에 아욱을 심고
모서리엔 봄꽃을 옮겨 심어
푸르고 붉은 것들의 이름을 호명하며
감추어둔 꽃잎을 남김없이 피게 할 것이네

—시 「저녁에 줍는 꽃」 전문

철학자 강신주 교수의 말을 떠올리게 하는 시다. '꽃이 지는 것을 무서워하지 말고, 꽃을 피우지 못하는 것을 무서워해야 한다.' 왜 우리는 꽃이 질까 봐 두려워하는가? 정녕 우리는 일생동안 온전한 꽃을 단 한 번이라도 피워본 적이 있는가? 사람의 꽃은 진정으로 그 무엇을 사랑할 때 피어난다고 한다.

백 시인은 스스로 '감추어 둔 꽃잎을 남김없이 피게' 하고 싶은 꿈을 가지고 있다. '꽃과 벌이 노래하는 전원'에서 '삶의 관성에서 일탈 한번 못하고/세상과 불화했던 이전을 벗어던지지 못하고/낯익은 것들과 춤만 추었'던 지난날의 헛디딘 발걸음을 모두 잊고, "이제 의자를 내어주고/뒤 터에 아욱을 심고/모서리엔 봄꽃을 옮겨 심어/푸르고 붉은 것들의 이름을 호명하며' 아내와 함께 꽃이란 이름의 '사랑'과 꽃이란 이름의 '인생'과 꽃이란 이름의 '낭만'을 활짝 피우고 싶어 하는 시인의 마음을 눈물겹도록 진솔하게 밝혀 놓고 있다. 지금까지 꽃이었음을 모른 채 감추어 온 '그 꽃'이 인생의 저녁 무렵에서 진정한 꽃이었음을 깨닫고, '그 꽃'을 아낌없이 피워 올리려고 노력하는 백 시인의 삶에 박수를 보내고 싶다.

우리는 가을이 다 익어가는 어느 날
트렌치코트의 깃을 세우고 좁은 골목으로 접어들었다
그때 갑자기 아내가 담쟁이 이파리가 채 마르지도 않은 돌담으로
나를 몰아붙이며 협박하듯 말했다

"우리 결혼하자"
순간, 나는 뾰족한 변명이 궁한 터라
"까짓것 하지 뭐"
남 말 하듯 하고 말았다
그러자 아내는 점령군처럼 족쇄를 채우고 한눈팔지 못하게 했다

—시 「까짓것」의 일부

"까짓것 하지 뭐" 남 말하듯 결혼을 하자고 말해 버렸다고 자백하는 백 시인의 말은 그 당시의 심경을 지극히 반어적으로 표현한 것이 아닐까 하는 생각이 든다. 내심 백 시인 자신이 하고 싶었던 고백을 아내로부터 먼저 받았으니 그때의 마음은 말로 표현할 수 없을 정도로 행복했을 것이다. 세월이 지나고 나서 생각해 보니, 그때의 속내를 들킬까봐 노심초사하던 백 시인이 트렌치코트의 깃을 빳빳하게 세운 고답적인 표현으로 위장하고 있는 듯한 느낌이 든다. 서로 진실로 사랑할 때 깊이 생각할 겨를도 없이 순식간에 뱉어버린 고백에는 낭만적인 냄새가 배제된 것 같으면서도 속을 헤아려 보면 무척 로맨틱한 진심이 배어있

음을 느낄 수 있다. 그것도 '담쟁이 이파리가 채 마르지도 않은' 으슥한 돌담에서 벌어진 일이니까 얼마나 낭만적인 분위기였던가를 짐작할 수 있을 것이다. 아마 그때 트렌치코트 깃이 사정없이 구겨지는 게 더 시적이고 더 환상적이었을 것이다.

검정 고무신이 알을 슬고 있었네
미끄러진 내 유년이 그 어디쯤 웅크리고 있었네

하현달 달무리가 가시기 전에 재를 넘어야
좌판 하나 차지할 수 있다네
이제 막 포대기에서 깨어나 물장구치는 나는
엄마의 옆구리에 매달려 있었네

땡볕 난전에서 부산한 장바닥을 붙들고
종일 돈을 만드는 엄마

장마당을 닫고 오는 길목에는 굴참나무 몇은 졸고
산비탈에는 몇 무리의 억새꽃이 바람에 시달리고
하늘에는 검은 리본 같은 갈까마귀 떼*가
하늬바람에 공중제비를 하고 있었네

—시 「솔박재」의 일부

어린 시절의 기억 속에 '땡볕 난전에서 부산한 장바닥을 붙들고/종일 돈을 만드는 엄마'와 함께 집으로 돌아오는 길에 '굴참나무 몇은 졸고/몇 무리의 억새꽃이 바람에 시달리고/하늘에는 검은 리본 같은 갈까마귀 떼가/하늬바람에 공중제비를 하고 있'는, 무서움이 도사린 솔박재 어귀에서 비록 어린 마음이지만 어머니에 대한 사랑과 함께 어머니의 소중함을 깨달았을 것이다. 그 옛날, 세상에서 가장 소중한 존재였던 '어머니'의 사랑과 지금 세상 그 무엇과도 바꿀 수 없이 소중한 존재인 '아내'의 사랑이 오버랩 되어 백시인을 눈물짓게 하는 '사랑의 별세상'을 만들지 않았나 하는 생각이 든다.

별세상 셋-시

〈'카르페'는 과실 농사를 지으면서, 과실의 당도가 가장 높고 맛이 있을 때, 과실이 달려 있는 나무로부터 과실을 강제로 따는 행위다. 농부가 이 순간을 놓친다면, 그 과실은 땅에 떨어져 먹을 수 없게 된다. 자신이 일 년 동안 쏟은 정성이 쉽게 헛수고가 된다. 농부는 그 순간을 포착하여, 나뭇가지로부터 감을 강제로 떼어내야 한다. 최적의 순간에 떼어내는 행위가 곧 '카르페'이다. 이 행위를 위한 조건이있다. 과실나무의 최적의 순간을 볼 수 있는 힘이 있어야 한다. 농부는 최고의 맛을 내기 위해, 일 년 내내 자연에 순응하여 최적의 환경을 만들고, 탁월한 관찰과 식견으로 그 과실을 파격적으로 떼어내야 한다. 과실들이 나무에 붙어있는 것이 자연스럽다. 그러나 이 순간을 놓치면, 오히려 나무와 중력이라는 자연법칙이 과실을 땅에 버린다. '카르페'는 바로 이 순간을 포착하는 능력이다. '카르페'는 그 순간을 감지하여, 안주하는 과거, 구태의연함, 편안함으로부터 나를 강제적으로 분리시키는 예술적인 안목이다. '카르페'는 자신을 깊이 관찰하고, 자신의 마음속에 자신만의 초신성 빅뱅을 관찰할 수 있는 예민한 정신적 수련자에게 주어지는 용기다.〉

—배철현의 '아침 묵상 수련 —지금' 중에서

백 시인은 예순의 나이에 이르러 시에 입문했다. 무척 늦은 나이에 시를 만났다. 하지만 그 예순의 나이가 바로 카르페의 적기였다. 초복이 되기도 전에 떨어지는 풋감이 있는가 하면, 나무에 매달려 서리를 이기며 초겨울까지 빨갛게 익은 홍시로 최대한 당도를 끌어올린 감도 있다. 시기가 이르고 늦은가가 중요한 것이 아니라 자신의 과일을 얼마나 잘 영글게 하였는가가 더 소중한 것이다. 백 시인은 젊은 시절 삶의 현장이었던 바다와 그 현실을 견디게 해 준 사랑과 낭만이 있었기에 지금의 시가 탄생될 수 있었다고 생각한다.

석양이 비켜선 하늘 모서리
한쪽 얼굴을 가린 상현달이
나머지 한쪽으로
밤의 모퉁이를 끌어오고 있다

감춰진 마음은 늘 어둠의 몫이었던가
환하게 밝은 한쪽의 얼굴로도
흔들림 없이 밤새 어둠을 건너가는 달
순한 달빛의 유혹 때문에
밤마다 꽃이 떨어지는 저 고요를
못 본 척하기 위해 달의 반은 어둠으로 짙다

강물 위 붉은 저녁으로 번지던 복사꽃

누구든 저물면 저토록 찬란한 꽃 하나 떨군다는 걸
강물이 어둠 깊은 산속으로 몸을 깃들이는 걸 보고 알았다
하루가 다시 산을 열고 강물로 흘러가는 아침이 오면
타오르는 저 복사꽃 붉은 해
너무 환해 화들짝 놀란 봄날을 피워 놓고 있다

―시 「복사꽃」 전문

'한쪽 얼굴을 가린 상현달이/나머지 한쪽으로/밤의 모퉁이를 끌'고 와서 '흔들림 없이 밤새 어둠을 건너'야 했던 존재가 혹시 백 시인이 아니었을까? '강물 위 붉은 저녁으로 번지던 복사꽃/누구든 저물면 저토록 찬란한 꽃 하나 떨군다는 걸/강물이 어둠 깊은 산속으로 몸을 깃들이는 걸 보고 알았다/하루가 다시 산을 열고 강물로 흘러가는 아침이 오면/타오르는 저 복사꽃 붉은 해/너무 환해 화들짝 놀란 봄날을 피워 놓고 있다.' 60대 청춘에 이르러 백 시인은 시 「복사꽃」을 통해 모두를 화들짝 놀라게 한 봄날을 활짝 피워놓은 것이 아닐까 하는 생각이 든다.

닮지 않은 말言이 걸어가고 있다

당신과 나
틈이 벌어진 2인칭과 1인칭 사이를 지나간다

수평의 말이 남긴 발자국엔 한쪽 모서리가
심하게 찢겨있다

물구나무를 선 채 한 손으로 길러낸 말의 근육
굳지 않는 말의 피
그 피를 가리기 위해 밤이 온다

밤새 꺼지지 않고 반가사유에 젖어있는 불빛
얼굴을 내밀지 못하는 이유가 거기에 있었나 보다

곤두선 낮과 밤의 경계에서
고개 숙이지 않고 저 혼자 반짝이는 말들
말도 생애가 있었나 보다

말 속에 갇힌 수많은 사람이
말이 덧난 상처 속으로 숨기 위해
아침이면 또다시 도시 속으로 빨려 들어간다

—시 「안간힘으로 매달린 말」 전문

백 시인은 3년 남짓한 시간에 시로 반짝이게 하는 별 세상을 하늘에 띄워 놓는 저력을 보여줬다. '밤새 꺼지지 않고 반가사유에 젖어있는 불빛'으로 치열하게 시를 써 왔을 것이다. 그래서 「안간힘으로 매달린 말」처럼 완성도 높은 시가 탄생될 수 있었다고 생각한다. 안간힘으로 시에 매달린 백 시인의 팔뚝에 새겨진 시의 근육이 그 증거가 아닐까 하는 생각이 든다.

말복을 끌고 가는 오후
달팽이의 이상한 몸짓을 보았다
갑자기 두 팔을 벌려 목을 길게 뽑았다
어떤 가수 지망생이 오디션을 앞두고
허공을 재단하며 가성을 질렀다
알아들을 수 없는 슬픈 소리가
들리는 것 같았지만
끝내 아무 소리도 없었다
제풀에 놀라 떠는 소리만 들렸다

—시 「달팽이」 전문

아무도 알아주지 않는 소리(시)를 등짐에 동여매고 젖은 바닥에 내려앉은 말복 무더위를 온몸으로 밀고

다녔던 시간이 이제 잘 익은 가을로 여물어가고 있다. '어둠은 자벌레처럼 더디게' 백 시인의 몸에서 빠져나갔지만 지금 '어둠을 살라 빛을 만드는 일을 되풀이하는/달빛'(시 「어둠을 살라 먹고」에서)처럼 영롱한 시의 '별세상'을 온 세상에 펼쳐 놓고 있다.

또 다른 별세상을 꿈꾸는 로맨티스트

'창작자는 시를 씀으로써 자신의 내면을 형상화하며, 이를 통해 억압된 정서를 표출하고 객관적 이해를 획득함으로써 세계 간의 통합을 완성할 수 있다. 또한 억압되고 굴곡된 자신이 경험한 사건, 자신이 생각하고 있는 관념, 자신의 상상적 체험 등이 이미지로 통과하여 형상화되어 시로 실제화 된다. 이로써 창작자가 현실에서 객관적으로 자신을 마주 보게 될 때, 부정적인 생각을 긍정적인 사고로 전환할 수 있다. 이때 무엇보다 중요한 것은 이러한 통합적 기능이 창작자 스스로의 자각을 돕는 형태로, 창작자의 창조성과 자발성을 최대한 발현하는 방향으로 이루어진다는 점이다.'

권성훈 시인이 그의 저서「시 치료의 이론과 실제」에서 언급한 것처럼 백영현 시인은 자신에게 닥친 부정적인 현실마저도 긍정적이고 낭만적인 사고를 통해 새로운 별세상을 창조하는 자발성을 유감없이 발휘해 놓고 있다. 백 시인의 시를 하나하나 읽으면서 시해설을 집필하는 동안, 필자는 무척 행복한 시간을 보냈다. 영원한 로맨티스트로서 또 다른 별세상을 만들어 낼『외로움이 만선을 만든다』그 다음이 기다려진다.